AF188185

Impressum
Verlag: BABADADA GmbH, Nedderfeld 112 , 22529 Hamburg
Geschäftsführer / Verlagsleitung: Harald Hof
Druck: Books on Demand GmbH, In de Tarpen 42, 22848 Norderstedt

Imprint
Publisher: BABADADA GmbH, Nedderfeld 112 , 22529 Hamburg, Germany
Managing Director / Publishing direction: Harald Hof
Print: Books on Demand GmbH, In de Tarpen 42, 22848 Norderstedt, Germany

school

escola

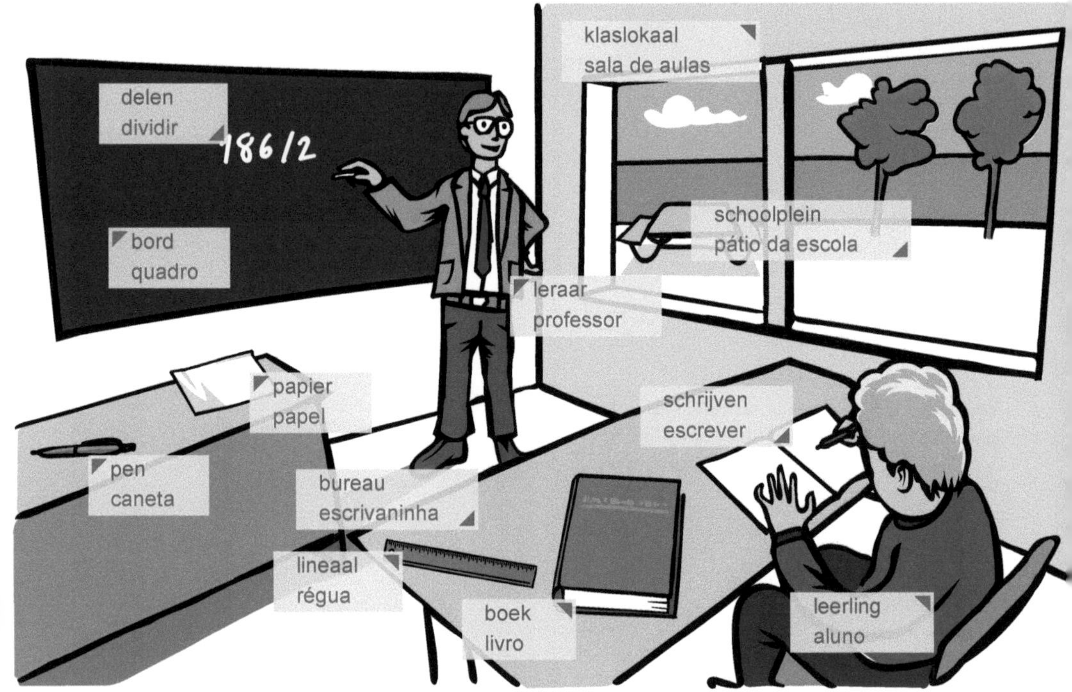
klaslokaal
sala de aulas
delen
dividir
186/2
bord
quadro
schoolplein
pátio da escola
leraar
professor
papier
papel
schrijven
escrever
pen
caneta
bureau
escrivaninha
lineaal
régua
boek
livro
leerling
aluno

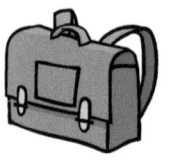

schooltas

sacola

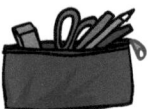

etui

estojo de lápis

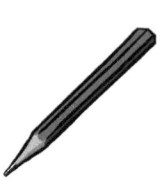

potlood

lápis

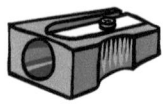

puntenslijper

apontador de lápis

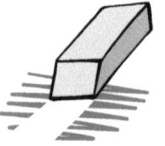

gum

borracha

schetsblok

bloco de desenho

tekening

desenho

penseel

pincel

verfdoos

estojo de tintas

schaar

tesoura

lijm

cola

schrift

livro de exercícios

huiswerk

lição de casa

getal

número

optellen

somar

aftrekken

subtrair

vermenigvuldigen

multiplicar

rekenen

calcular

letter

letra

alfabet

alfabeto

woord

palavra

tekst

texto

lezen

ler

krijt

giz

les

hora

klassenboek

registro da classe

examen

exame

diploma

certificado

schooluniform

uniforme escolar

opleiding

educação

encyclopedie

enciclopédia

universiteit

universidade

microscoop

microscópio

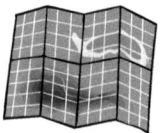

kaart

mapa

prullenmand

cesto de lixo

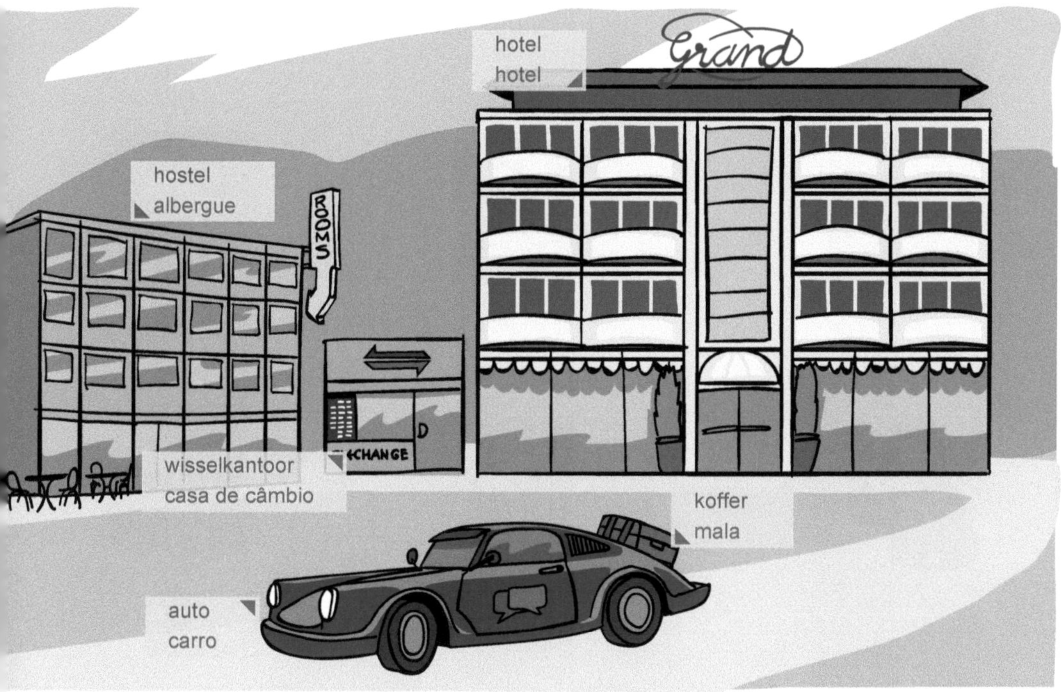

hotel
hotel
Grand
hostel
albergue
ROOMS
EXCHANGE
wisselkantoor
casa de câmbio
koffer
mala
auto
carro

taal
idioma

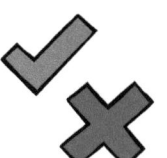

ja / nee
sim / não

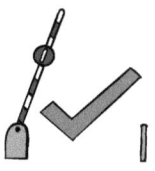

oké
ok

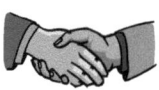

Hallo!
Olá

tolk
tradutor

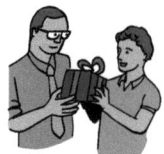

Bedankt.
obrigado

Wat kost ...?

quanto custa...?

Ik begrijp het niet.

eu não entendo

probleem

problema

Goedenavond!

boa noite!

Goedemorgen!

Bom dia!

Goedenacht!

Boa noite!

Tot ziens!

até logo

richting

direção

bagage

bagagem

tas

bolsa

rugzak

mochila

gast

convidado

kamer

quarto

slaapzak

saco de dormir

tent

barraca

VVV-kantoor

informação turística

strand

praia

creditkaart

cartão de crédito

ontbijt

café da manhã

lunch

almoço

diner

jantar

kaartje

bilhete

lift

elevador

postzegel

selo

grens

fronteira

douane

alfândega

ambassade

embaixada

visum

visto

paspoort

passaporte

reis - viagem

transport
transporte

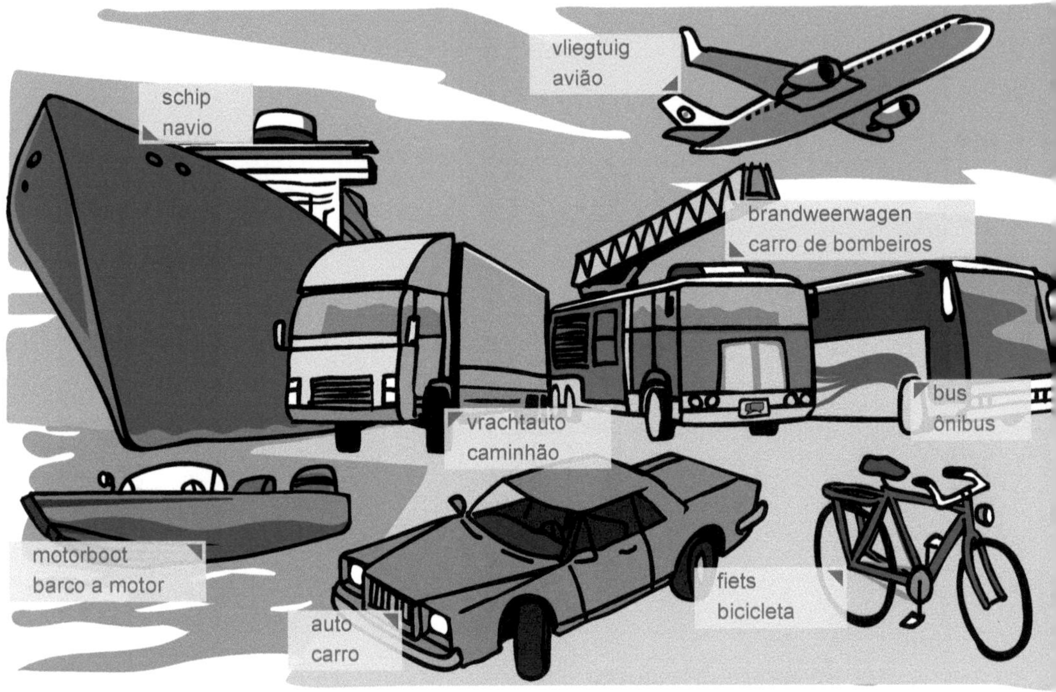
vliegtuig
avião
schip
navio
brandweerwagen
carro de bombeiros
bus
ônibus
vrachtauto
caminhão
motorboot
barco a motor
fiets
bicicleta
auto
carro

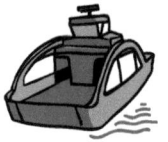

veerboot

balsa

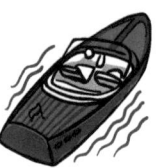

boot

barco

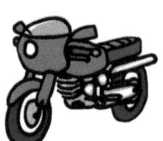

motorfiets

motocicleta

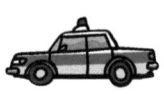

politiewagen

veículo policial

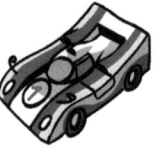

raceauto

carro de corrida

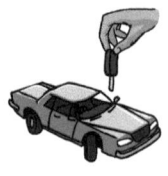

huurauto

carro de aluguel

carsharing

compartilhamento de automóvel

takelwagen

caminhão de reboque

vuilniswagen

caminhão de lixo

motor

motor

benzine

combustível

benzinepomp

posto de gasolina

verkeersbord

placa de trânsito

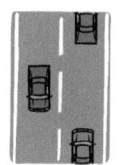

verkeer

trânsito

file

trânsito lento

parkeerplaats

estacionamento

station

estação de trem

rails

trilhos

trein

trem

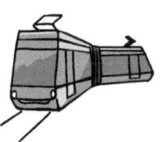

tram

bonde

wagon

vagão

helikopter
helicóptero

luchthaven
aeroporto

toren
torre

passagier
passageiro

container
contêiner

verhuisdoos
cartolina

kar
carroça

mand
cesto

opstijgen / landen
decolar / pousar

stad

cidade

dorp
vilarejo

stadscentrum
centro da cidade

huis
casa

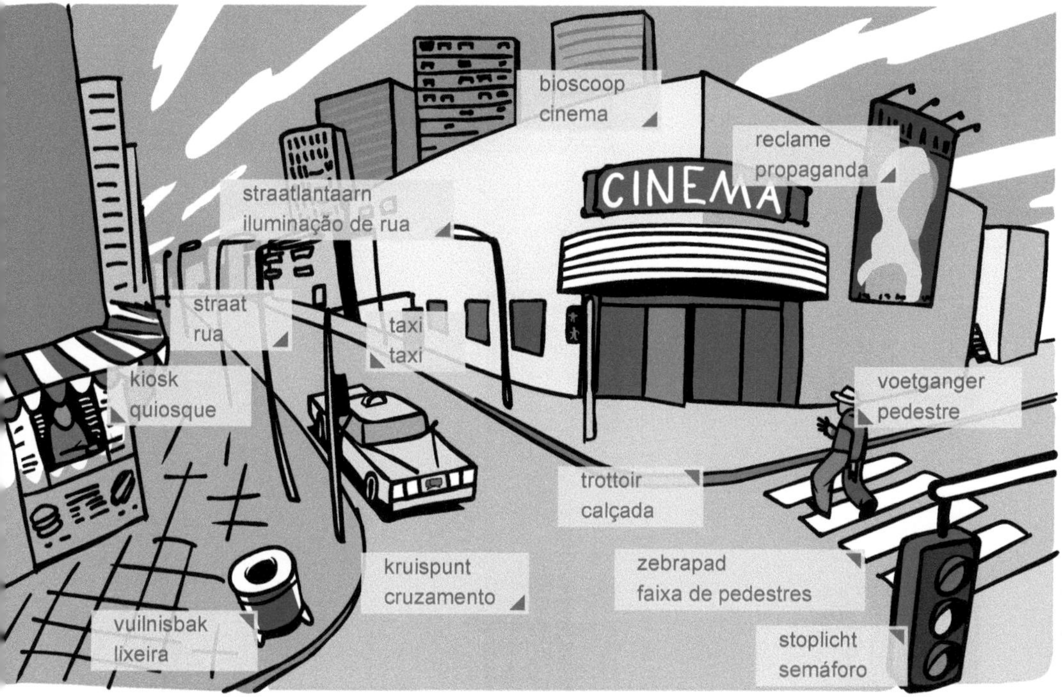

bioscoop
cinema

reclame
propaganda

straatlantaarn
iluminação de rua

straat
rua

taxi
taxi

voetganger
pedestre

kiosk
quiosque

trottoir
calçada

kruispunt
cruzamento

zebrapad
faixa de pedestres

vuilnisbak
lixeira

stoplicht
semáforo

hut

cabana

appartement

apartamento

station

estação de trem

stadhuis

prefeitura

museum

museu

school

escola

stad - cidade

universiteit

universidade

bank

banco

ziekenhuis

hospital

hotel

hotel

apotheek

farmácia

kantoor

escritório

boekenwinkel

livraria

winkel

loja

bloemenwinkel

floricultura

supermarkt

supermercado

markt

mercado

warenhuis

loja de departamentos

visboer

peixaria

winkelcentrum

centro comercial

haven

porto

park
parque

bank
banco

brug
ponte

trap
escadas

metro
metrô

tunnel
túnel

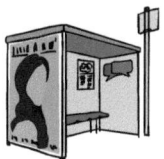

bushalte
ponto de ônibus

bar
bar

restaurant
restaurante

brievenbus
caixa de correspondência

straatnaambord
placa de rua

parkeermeter
parquímetro

dierentuin
zoológico

zwembad
piscina

moskee
mesquita

boerderij
....
fazenda

vervuiling
....
poluição

begraafplaats
....
cemitério

kerk
....
igreja

speelplaats
....
parquinho

tempel
....
templo

landschap
paisagem

blad
folha

wegwijzer
placa de sinalização

weg
caminho

weide
gramado

steen
pedra

boom
árvore

wandelaar
caminhantes

rivier
rio

gras
grama

bloem
flor

vallei
vale

berg
montanha

meer
lago

bos
floresta

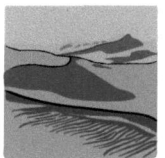

woestijn
deserto

vulkaan
vulcão

kasteel
castelo

regenboog
arco-íris

paddenstoel
cogumelo

palmboom
palmeira

mug
mosquito

vlieg
mosca

mier
formiga

bij
abelha

spin
aranha

kever

besouro

kikker

sapo

eekhoorn

esquilo

egel

ouriço

haas

lebre

uil

coruja

vogel

pássaro

zwaan

cisne

wild zwijn

javali

hert

veado

eland

alce

stuwdam

barragem

windmolen

aerogerador

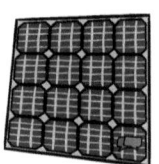

zonnepaneel

painel solar

klimaat

clima

restaurant
restaurante

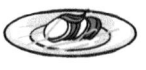

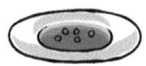

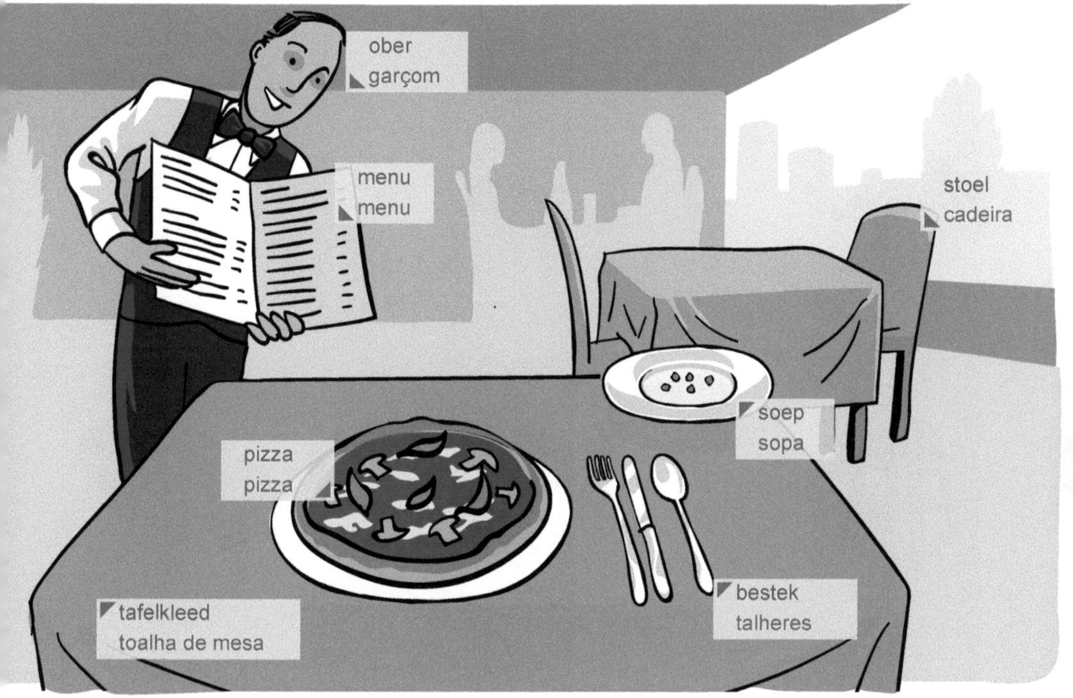
ober
garçom
menu
menu
stoel
cadeira
soep
sopa
pizza
pizza
tafelkleed
toalha de mesa
bestek
talheres

voorgerecht
entrada

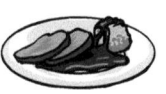

hoofdgerecht
prato principal

toetje
sobremesa

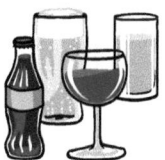

dranken
bebidas

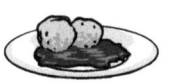

eten
comida

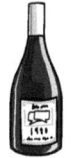

fles
garrafa

fastfood

fastfood

eetkraampje

comida de rua

theepot

bule de chá

suikerpot

açucareiro

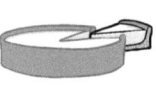

portie

porção

espressomachine

máquina de expresso

kinderstoel

cadeirão

rekening

conta

dienblad

bandeja

mes

faca

vork

garfo

lepel

colher

theelepel

colher de chá

servet

guardanapo

glas

copo

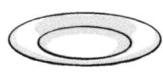

bord
....
prato

soepbord
....
prato de sopa

schotel
....
pires

saus
....
molho

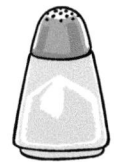

zoutvaatje
....
saleiro

pepermolen
....
moedor de pimenta

azijn
....
vinagre

olie
....
óleo

kruiden
....
especiarias

ketchup
....
ketchup

mosterd
....
mostarda

mayonaise
....
maionese

supermarkt
supermercado

aanbieding
oferta especial
FOR
klant
cliente
zuivelproducten
laticínios
fruit
frutas
winkelwagen
carrinho de compras

BUTCHERS

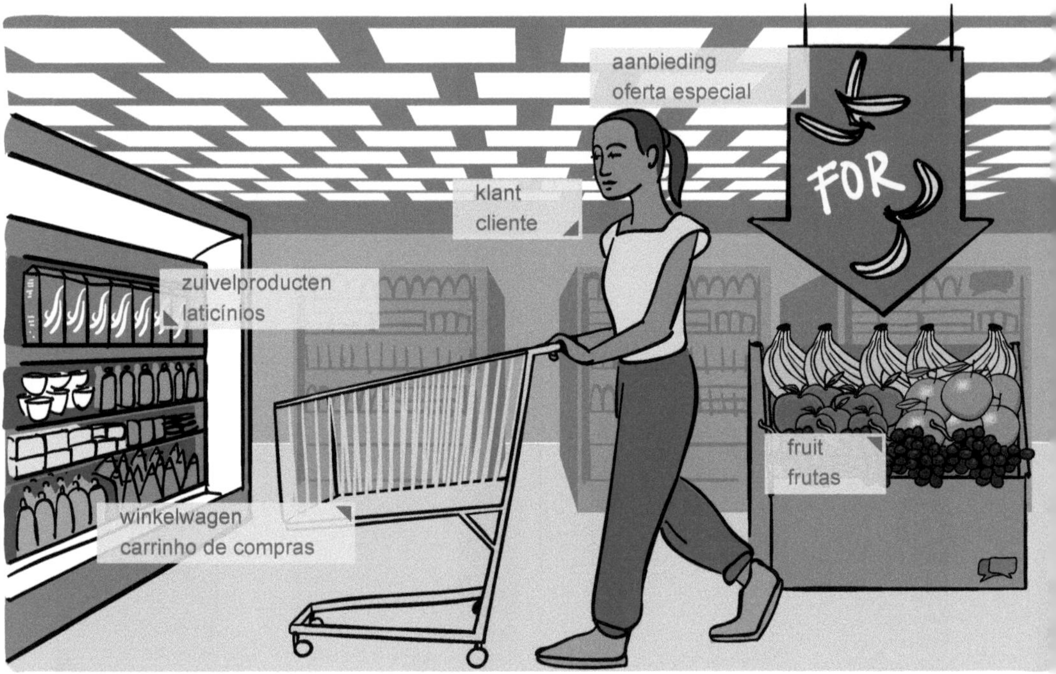

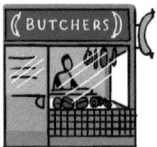

slager

açougue

BAKERY

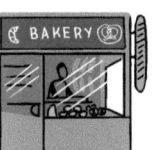

bakkerij

padaria

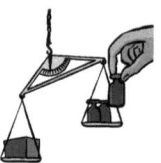

wegen

pesar

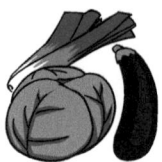

groente

legumes

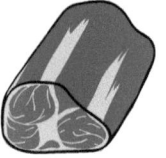

vlees

carne

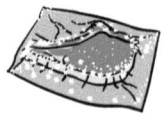

diepvriesproducten

congelados

vleeswaren

charcutaria

conserven

conservas

wasmiddel

detergente em pó

snoepgoed

doces

huishoudelijke artikelen

artigos domésticos

schoonmaakmiddel

produtos de limpeza

verkoopster

vendedora

kassa

caixa

kassier

caixa

boodschappenlijstje

lista de compras

openingstijden

horário de funcionamento

portefeuille

carteira

creditkaart

cartão de crédito

tas

sacola

plastic zak

saco plástico

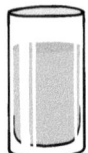

water
água

sap
suco

melk
leite

cola
coca-cola

wijn
vinho

bier
cerveja

alcohol
álcool

chocolademelk
cacau

thee
chá

koffie
café

espresso
expresso

cappuccino
cappuccino

banaan

banana

appel

maçã

sinaasappel

laranja

watermeloen

melão

citroen

limão

wortel

cenoura

knoflook

alho

bamboe

bambu

ui

cebola

paddenstoel

cogumelo

noten

nozes

pasta

macarrão

spaghetti

espaguete

rijst

arroz

salade

salada

friet

batatas fritas

gebakken aardappelen

batatas frias

pizza

pizza

hamburger

hambúrger

sandwich

sanduíche

schnitzel

escalope

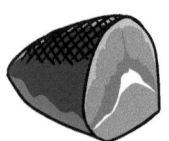

ham

presunto

salami

salame

worst

salsicha

kip

galinha

gebraad

assado

vis

peixe

havermout

flocos de aveia

muesli

granola

cornflakes

flocos de milho

meel

farinha

croissant

croissant

broodjes

pãozinho

brood

pão

toast

torrada

koekjes

biscoitos

boter

manteiga

kwark

requeijão

taart

bolo

ei

ovo

gebakken ei

ovo frito

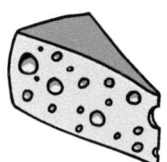

kaas

queijo

ijs

sorvete

suiker

açúcar

honing

mel

jam

geleia

chocoladepasta

creme de avelãs

kerrie

curry

eten - comida

boerderij
fazenda

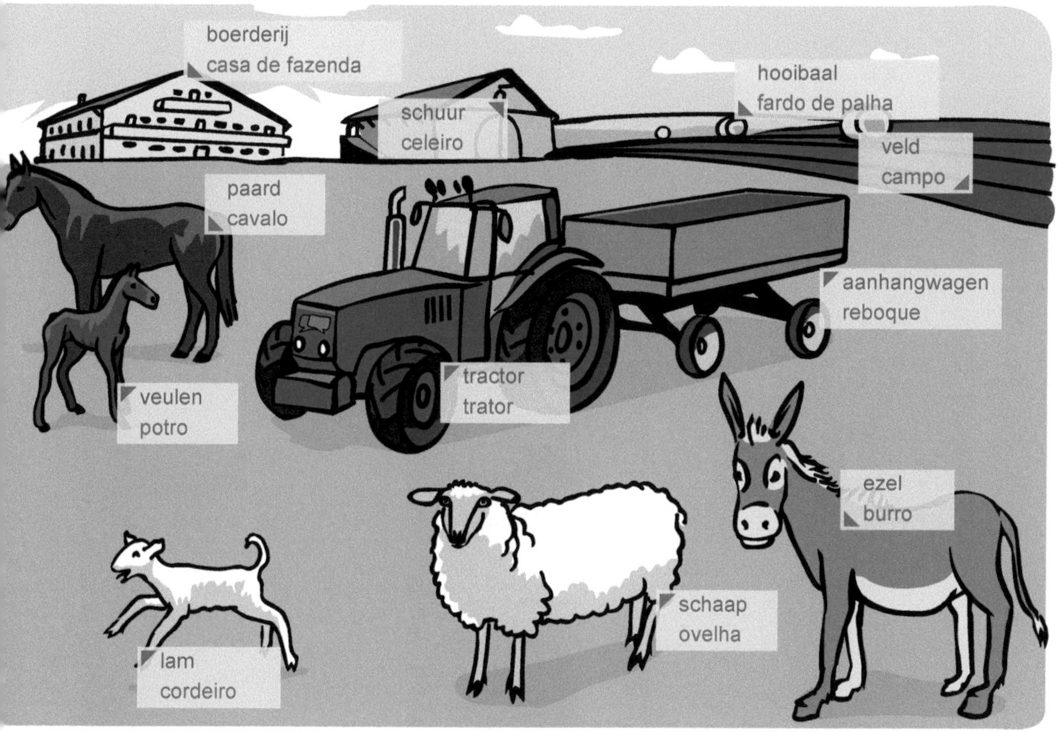
boerderij
casa de fazenda
schuur
celeiro
hooibaal
fardo de palha
veld
campo
paard
cavalo
aanhangwagen
reboque
tractor
trator
veulen
potro
ezel
burro
schaap
ovelha
lam
cordeiro

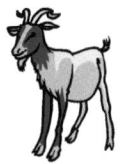

geit
cabra

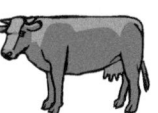

koe
vaca

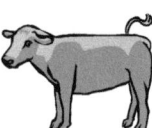

kalf
bezerro

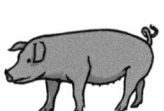

varken
porco

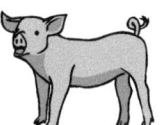

big
leitão

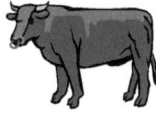

stier
touro

gans
ganso

eend
pato

kuiken
pintinho

kip
galinha

haan
galo

rat
ratazana

kat
gato

muis
camundongo

os
boi

hond
cachorro

hondenhok
casinha do cachorro

tuinslang
mangueira de jardim

gieter
regador

zeis
foice

ploeg
arado

sikkel

foice

schoffel

enxada

hooivork

forquilha

bijl

machado

kruiwagen

carrinho de mão

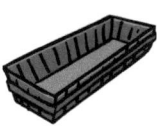

trog

manjedoura

melkbus

jarra de leite

zak

saco

hek

cerca

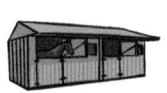

stal

estábulo

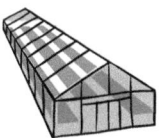

broeikas

estufa

grond

solo

zaad

semente

mest

fertilizante

maaidorser

colheitadeira

oogsten
colher

oogst
colheita

yam
inhame

tarwe
trigo

soja
soja

aardappel
batata

maïs
milho

koolzaad
colza

fruitboom
árvore frutífera

maniok
mandioca

granen
cereais

huis
casa

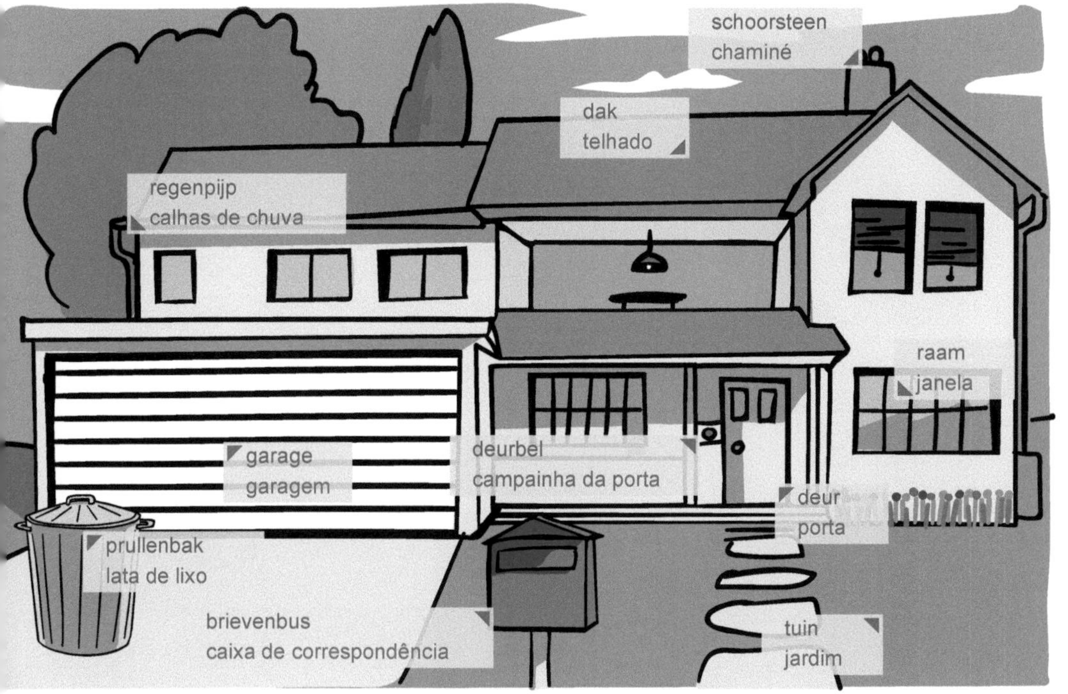
schoorsteen
chaminé
dak
telhado
regenpijp
calhas de chuva
raam
janela
garage
garagem
deurbel
campainha da porta
deur
porta
prullenbak
lata de lixo
brievenbus
caixa de correspondência
tuin
jardim

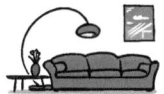

woonkamer

sala de estar

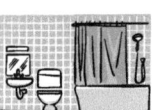

badkamer

banheiro

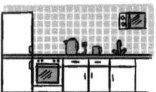

keuken

cozinha

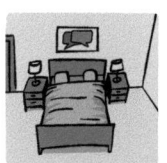

slaapkamer

quarto de dormir

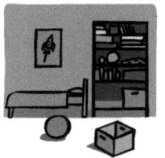

kinderkamer

quarto de criança

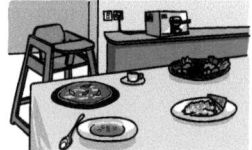

eetkamer

sala de jantar

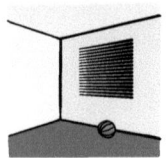

vloer

chão

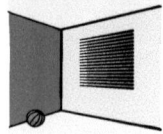

muur

parede

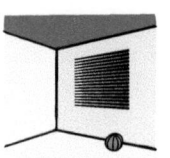

plafond

teto

kelder

porão

sauna

sauna

balkon

varanda

terras

terraço

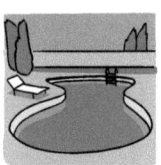

zwembad

piscina

grasmaaier

cortador de grama

laken

lençol

bedsprei

coberta

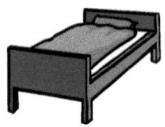

bed

cama

bezem

vassoura

emmer

balde

schakelaar

interruptor

woonkamer
sala de estar

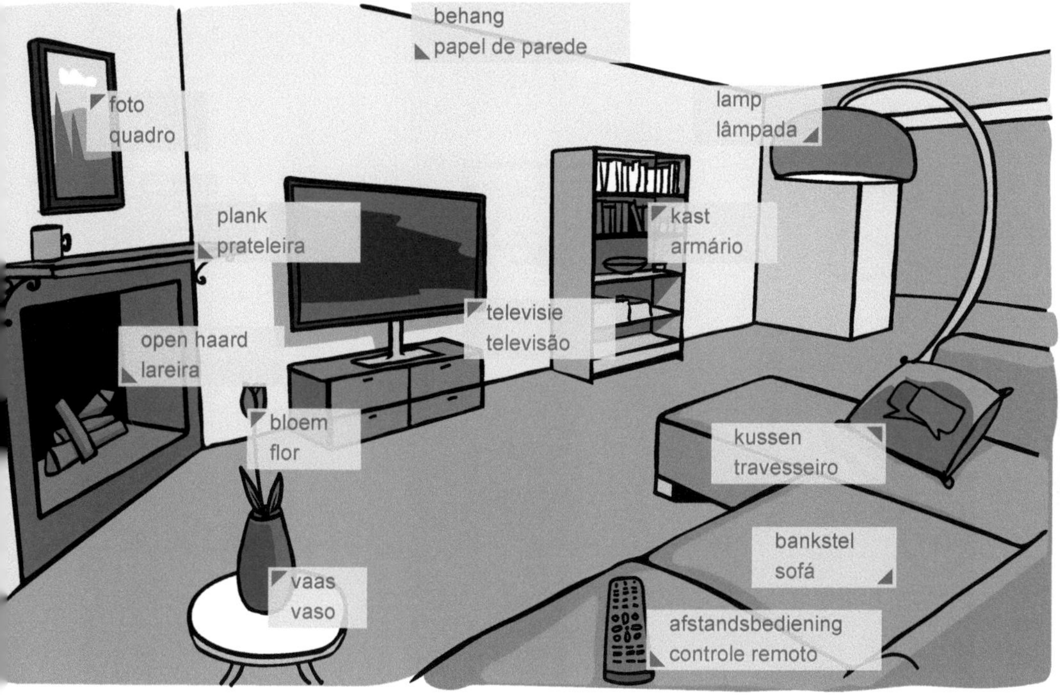
behang
papel de parede
foto
quadro
lamp
lâmpada
plank
prateleira
kast
armário
televisie
televisão
open haard
lareira
bloem
flor
kussen
travesseiro
bankstel
sofá
vaas
vaso
afstandsbediening
controle remoto

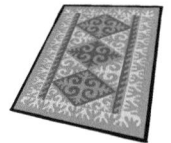

tapijt

tapete

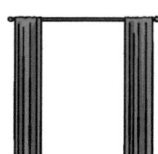

gordijn

cortina

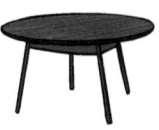

tafel

mesa

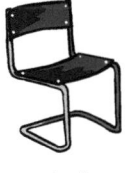

stoel

cadeira

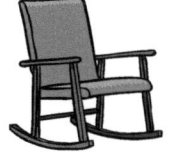

schommelstoel

cadeira de balanço

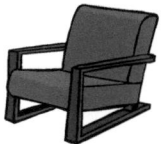

stoel

poltrona

boek

livro

deken

cobertor

decoratie

decoração

brandhout

lenha

film

filme

stereo-installatie

equipamento de som

sleutel

chave

krant

jornal

schilderij

pintura

poster

pôster

radio

rádio

kladblok

bloco de notas

stofzuiger

aspirador

cactus

cacto

kaars

vela

keuken
cozinha

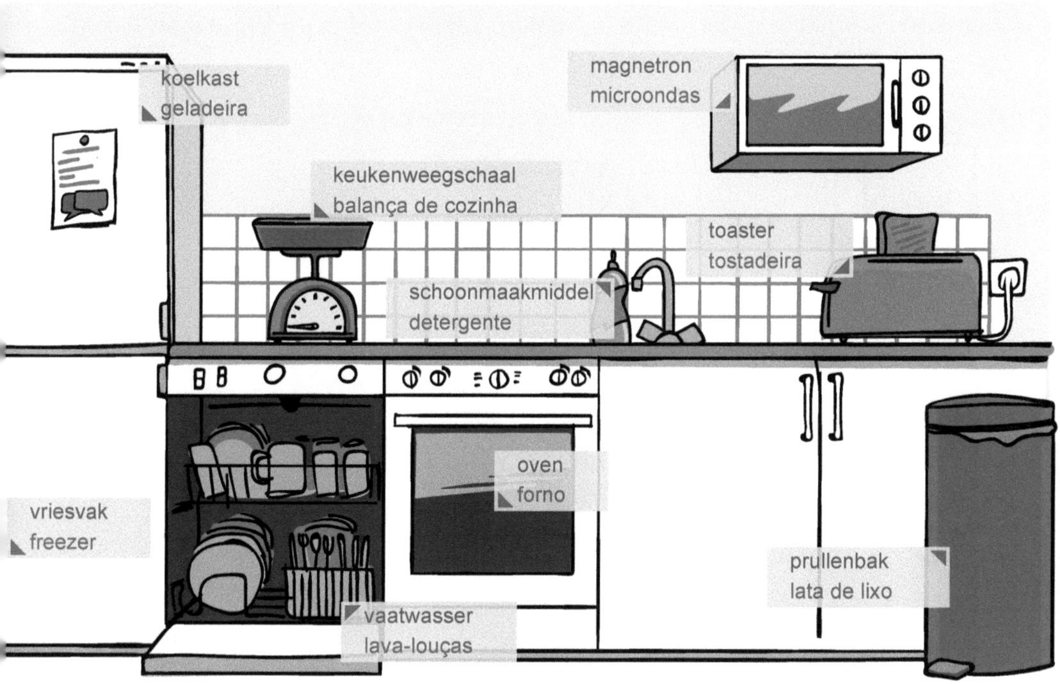
koelkast
geladeira
magnetron
microondas
keukenweegschaal
balança de cozinha
toaster
tostadeira
schoonmaakmiddel
detergente
oven
forno
vriesvak
freezer
prullenbak
lata de lixo
vaatwasser
lava-louças

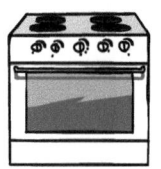

fornuis

fogão

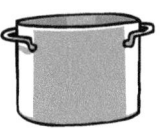

pan

panela

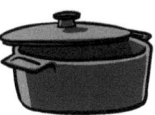

gietijzeren pan

panela de ferro

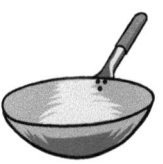

wok / kadai

wok / kadai

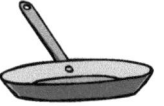

koekenpan

frigideira

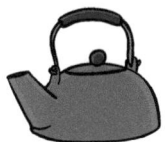

ketel

chaleira

stoomkoker

panela a vapor

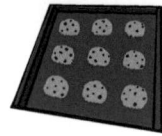

bakplaat

tabuleiro de forno

servies

louça

beker

caneca

kom

caçarola

eetstokjes

hashi

soeplepel

concha de sopa

spatel

espátula

garde

batedor

vergiet

escorredor

zeef

peneira

rasp

ralador

vijzel

almofariz

barbecue

churrasqueira

vuurhaard

lareira

snijplank

tábua de cortar

deegroller

rolo da massa

kurkentrekker

saca-rolhas

blik

lata

blikopener

abridor de latas

pannenlap

pegador de panela

wasbak

pia

borstel

escova

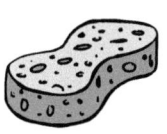

spons

esponja

blender

liquidificador

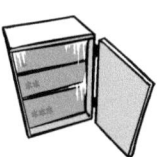

vriezer

congelador

babyflesje

mamadeira

kraan

torneira

badkamer
banheiro

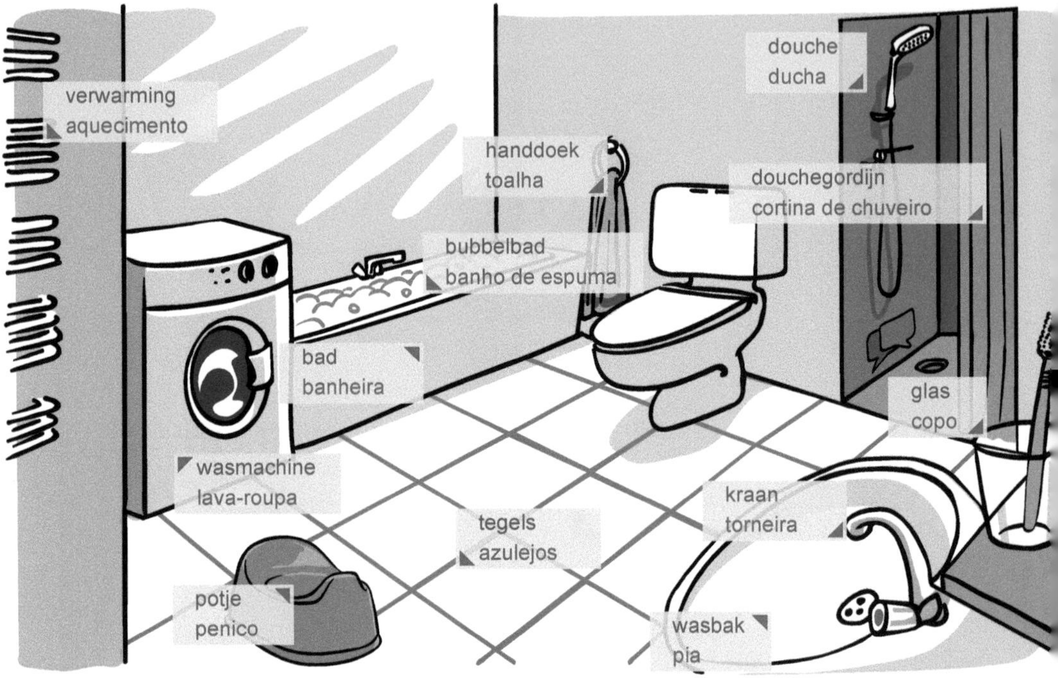
verwarming
aquecimento
handdoek
toalha
douche
ducha
douchegordijn
cortina de chuveiro
bubbelbad
banho de espuma
bad
banheira
glas
copo
wasmachine
lava-roupa
kraan
torneira
tegels
azulejos
potje
penico
wasbak
pia

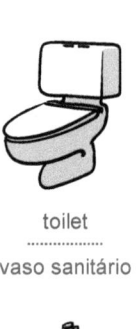

toilet
vaso sanitário

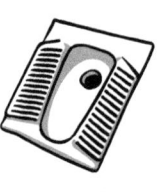

hurktoilet
lavabo de agachar

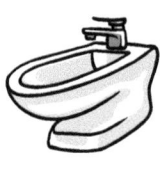

bidet
bidê

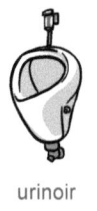

urinoir
mictório

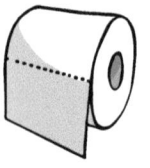

toiletpapier
papel higiênico

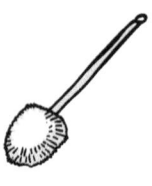

toiletborstel
escova de privada

tandenborstel

escova de dentes

tandpasta

pasta de dentes

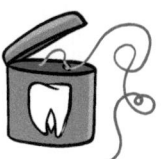

flosdraad

fio dental

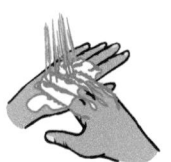

wassen

lavar

handdouche

ducha de mão

toiletdouche

ducha íntima

waskom

bacia

rugborstel

escova para as costas

zeep

sabonete

douchegel

gel de banho

shampoo

xampu

washanje

toalha de rosto

afvoer

escoamento

creme

creme

deodorant

desodorante

spiegel

espelho

make-upspiegel

espelho de mão

scheermes

barbeador

scheerschuim

espuma de barbear

aftershave

loção pós-barba

kam

pente

borstel

escova

haardroger

secador de cabelo

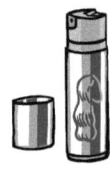

haarspray

spray de cabelo

make-up

maquiagem

lippenstift

batom

nagellak

esmalte de unhas

watten

algodão

nagelschaartje

tesoura para unhas

parfum

perfume

toilettas

nécessaire

kruk

banquinho

weegschaal

balança

badjas

roupão de banho

rubber handschoenen

luvas de borracha

tampon

absorvente interno

maandverband

absorvente íntimo

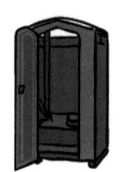

chemisch toilet

banheiro químico

kinderkamer
quarto de criança

wekker
despertador
knuffeldier
boneco de pelúcia
speelgoedauto
carrinho de brinquedo
rammelaar
chacoalho
poppenhuis
casa de bonecas
cadeau
presente

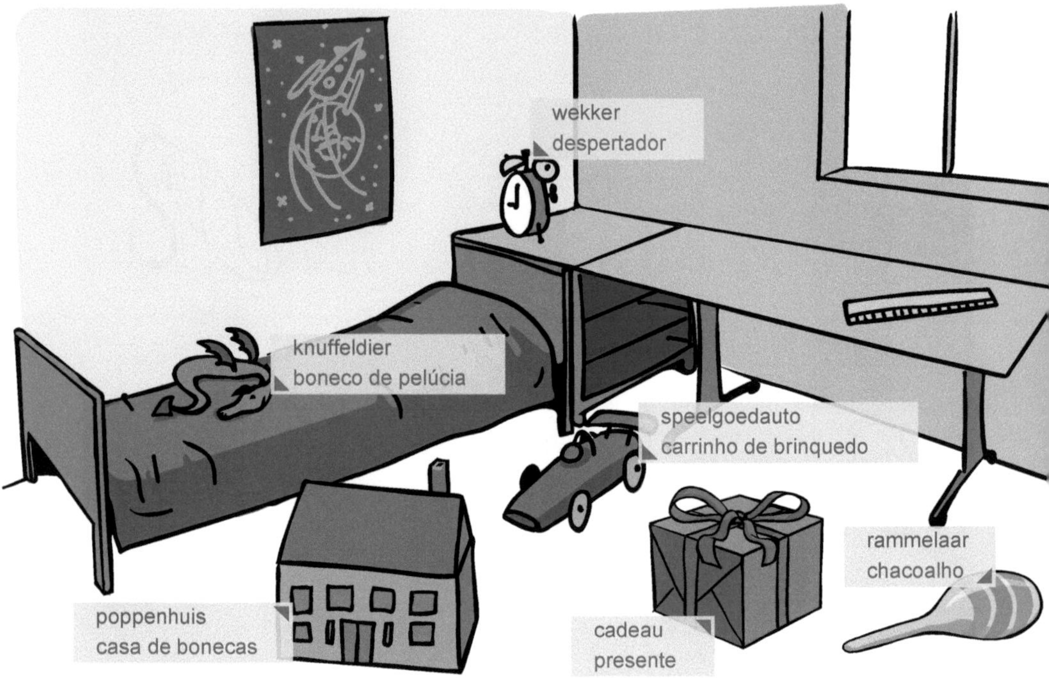

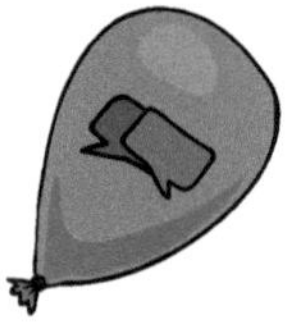

ballon

balão

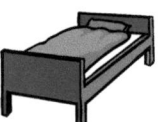

bed

cama

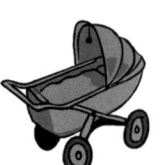

kinderwagen

carrinho de bebê

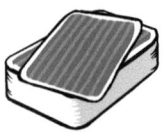

kaartspel

jogo de cartas

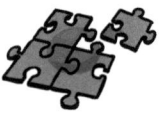

puzzel

quebra-cabeças

SUPER MEGA

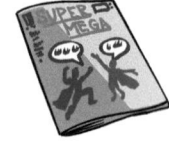

stripverhaal

revista de quadrinhos

legostenen

peças de Lego

speelgoedblokken

blocos de construção

actiefiguurtje

figura de ação

romper

macaquinho de bebê

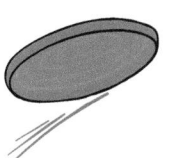

frisbee

frisbee

mobile

móbile para bebé

bordspel

jogo de tabuleiro

dobbelsteen

dados

modeltrein

trenzinho elétrico

speen

chupeta

feestje

festa

prentenboek

livro ilustrado

bal

bola

pop

boneca

spelen

brincar

zandbak

caixa de areia

schommel

balanço

speelgoed

brinquedos

spelcomputer

videogame

driewieler

triciclo

teddybeer

ursinho de pelúcia

kleerkast

guarda-roupa

kleding
vestuário

sokken

meias

kousen

meias pelo joelho

panty

meias-calças

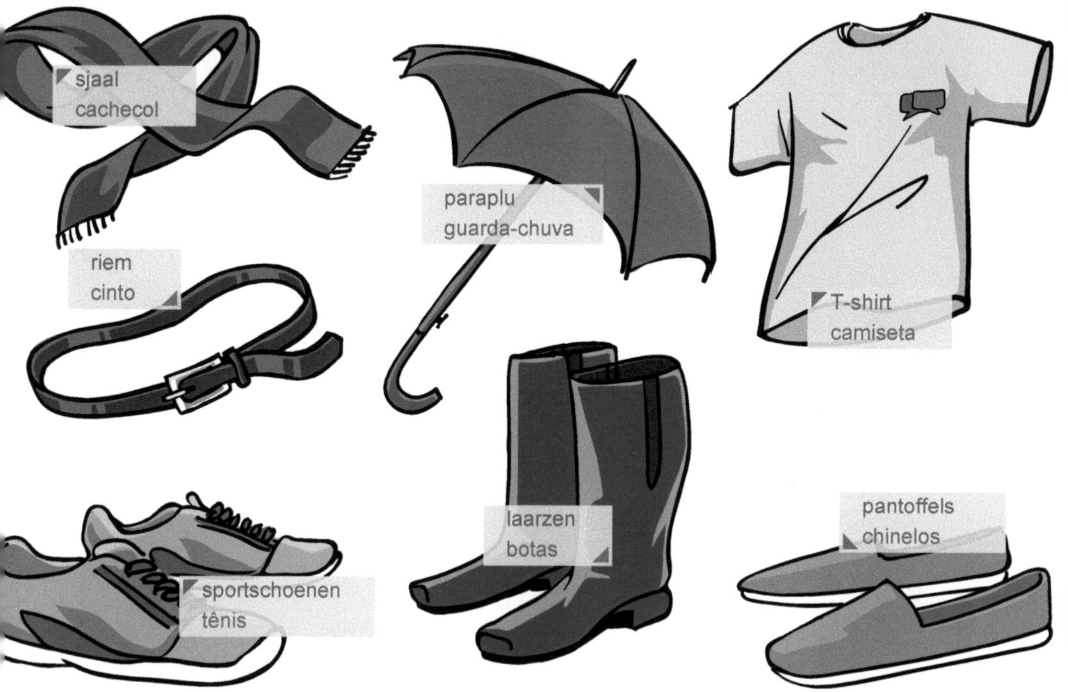

sjaal
cachecol

paraplu
guarda-chuva

T-shirt
camiseta

riem
cinto

laarzen
botas

pantoffels
chinelos

sportschoenen
tênis

sandalen
....
sandálias

schoenen
....
sapatos

rubberlaarzen
....
botas de borracha

onderbroek
....
roupa de baixo

beha
....
sutiã

onderhemd
....
camiseta de baixo

body
body

broek
calças

spijkerbroek
jeans

rok
saia

blouse
blusa

overhemd
camisa

trui
pulôver

hoody
suéter com capuz

blazer
blazer

jas
jaqueta

mantel
casaco

regenjas
gabardine

kostuum
traje

jurk
vestido

trouwjurk
vestido de casamento

pak

terno

nachthemd

camisola

pyjama

pijama

sari

sari

hoofddoek

lenço de cabeça

tulband

turbante

boerka

burca

kaftan

cafetã

abaja

abaya

zwempak

maiô

zwembroek

sunga

korte broek

shorts

trainingspak

roupa de treino

schort

avental

handschoenen

luvas

knoop

botão

bril

óculos

armband

pulseira

ketting

colar

ring

anel

oorbel

brinco

pet

boné

kledinghanger

cabide

hoed

chapéu

stropdas

gravata

rits

zíper

helm

capacete

bretels

suspensórios

schooluniform

uniforme escolar

uniform

uniforme

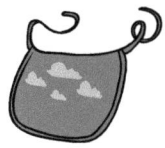

slabbetje

babador

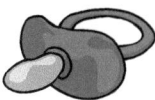

speen

chupeta

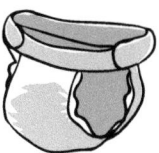

luier

fralda

kantoor
escritório

server
servidor
archiefkast
armário de arquivos
papier
papel
printer
impressora
beeldscherm
monitor
bureau
escrivaninha
muis
mouse
map
pasta
toetsenbord
teclado
prullenmand
cesto de lixo
computer
computador
stoel
cadeira

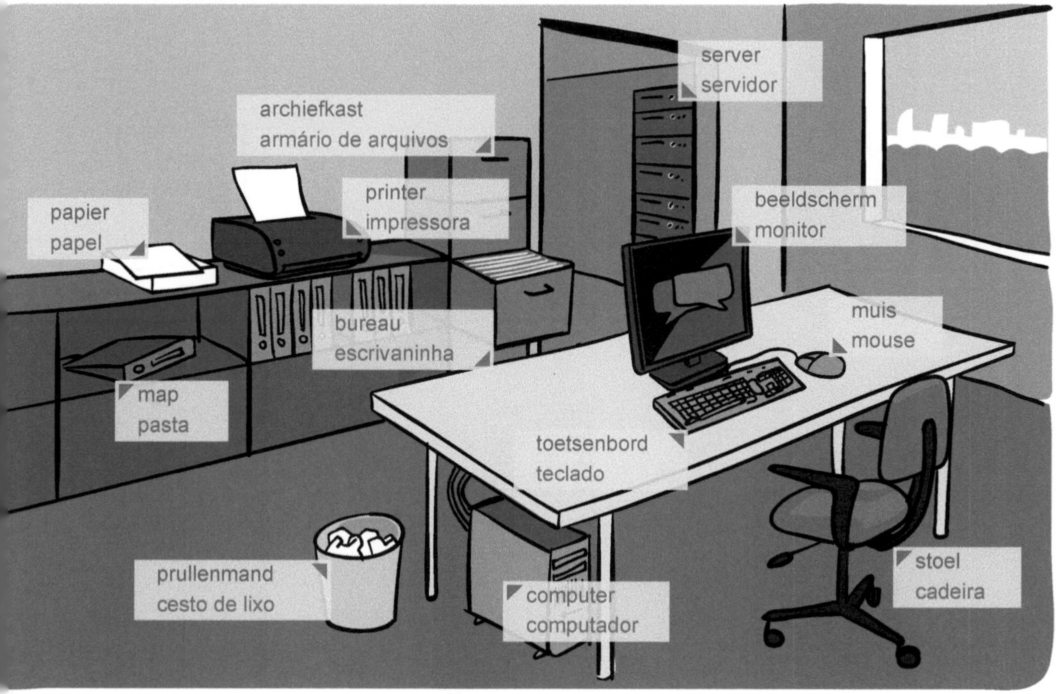

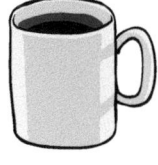

koffiemok

xícara de café

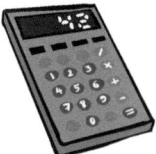

rekenmachine

calculadora

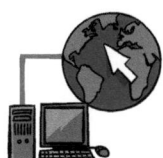

internet

internet

laptop

laptop

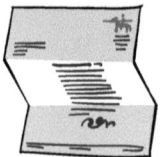

brief

carta

bericht

mensagem

mobiele telefoon

celular

netwerk

rede

kopieermachine

copiadora

software

software

telefoon

telefone

stopcontact

tomada

fax

fax

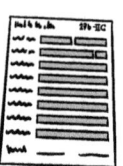

formulier

formulário

document

documento

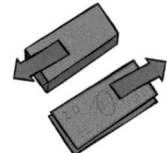

kopen

comprar

betalen

pagar

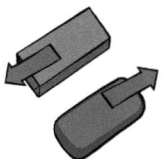

handel drijven

negociar

geld

dinheiro

dollar

Dólar

euro

Euro

yen

Yen

roebel

rublo

Zwitserse frank

franco suíço

renminbi yuan

renminbi yuan

roepie

rupia

geldautomaat

caixa eletrônico

wisselkantoor

casa de câmbio

goud

ouro

zilver

prata

olie

petróleo

energie

energia

prijs

preço

contract

contrato

belasting

imposto

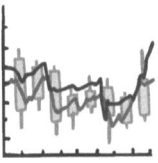

aandeel

ação

werken

trabalhar

werknemer

empregado

werkgever

empregador

fabriek

fábrica

winkel

loja

beroepen
profissões

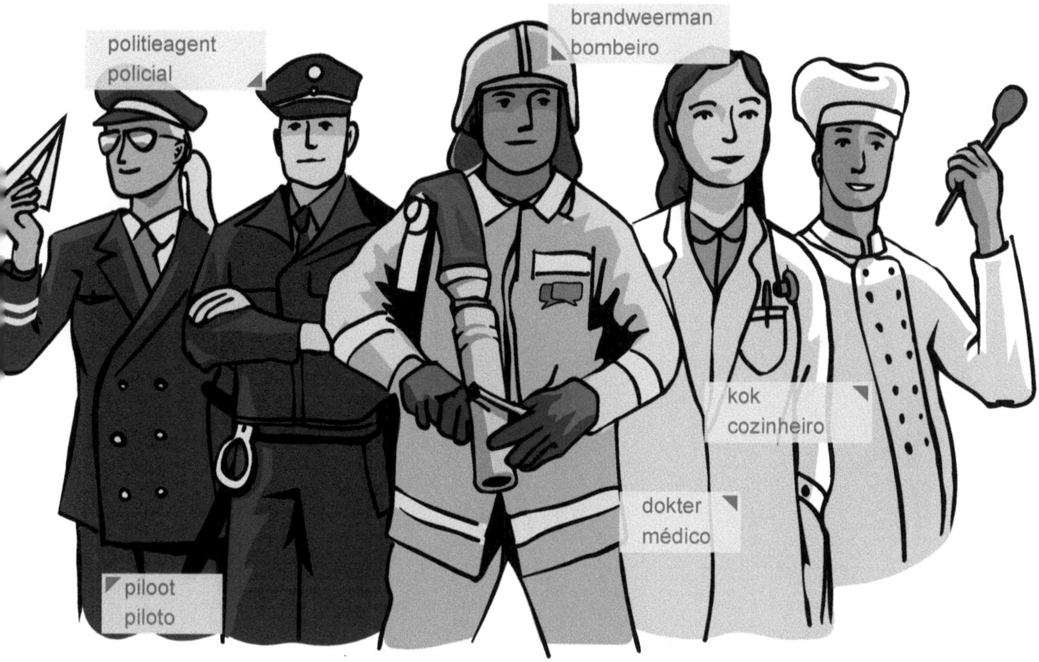
politieagent
policial
brandweerman
bombeiro
kok
cozinheiro
dokter
médico
piloot
piloto

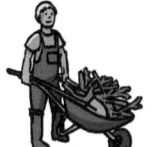

tuinman

jardineiro

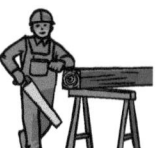

timmerman

marceneiro

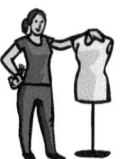

naaister

costureira

rechter

juiz

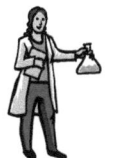

scheikundige

químico

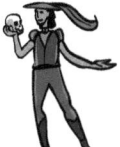

toneelspeler

ator

buschauffeur

motorista de ônibus

taxichauffeur

motorista de táxi

visser

pescador

schoonmaakster

faxineira

dakdekker

telhador

ober

garçom

jager

caçador

schilder

pintor

bakker

padeiro

elektricien

eletricista

bouwvakker

construtor

ingenieur

engenheiro

slager

açougueiro

loodgieter

encanador

postbode

carteiro

soldaat

soldado

architect

arquiteto

kassier

caixa

bloemist

florista

kapper

cabelereiro

conducteur

condutor

monteur

mecânico

kapitein

capitão

tandarts

dentista

wetenschapper

cientista

rabbi

rabino

imam

imam

monnik

monge

pastoor

pastor

gereedschap
ferramentas

hamer
martelo
tang
alicate
schroevendraaier
chave de fenda
moersleutel
chave inglesa
zaklamp
lanterna

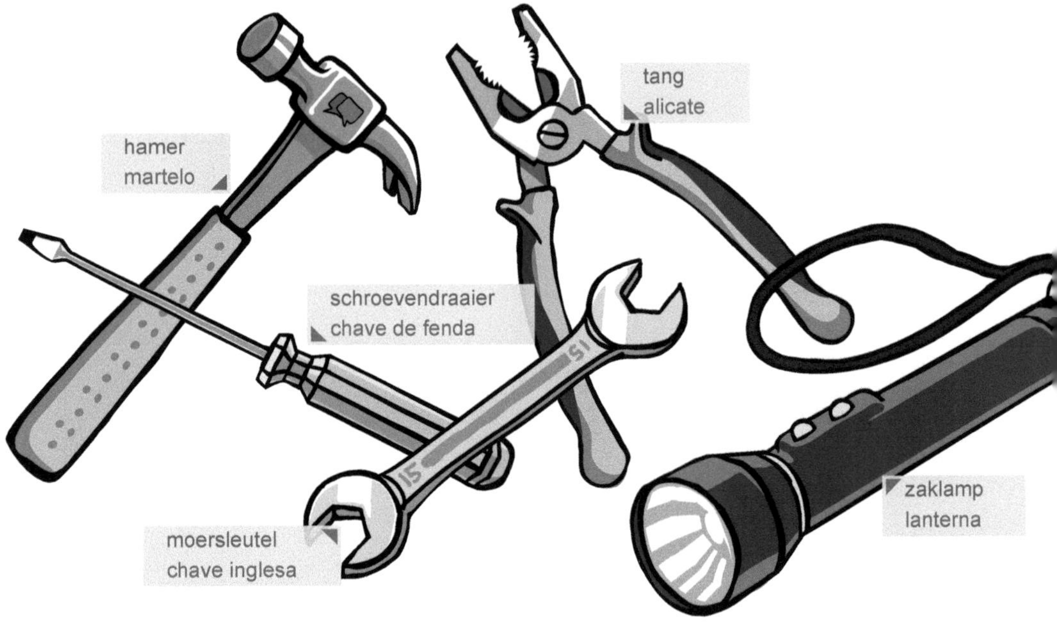

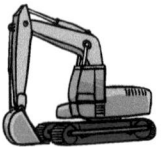

graafmachine

escavadora

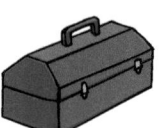

gereedschapskist

caixa de ferramentas

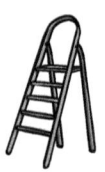

ladder

escada de mão

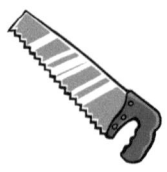

zaag

serra

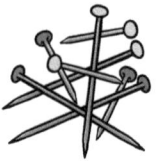

spijkers

pregos

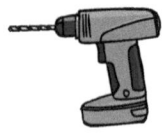

boor

furadeira

repareren
....
consertar

schep
....
pá

Verdorie!
....
Droga!

stofblik
....
pá de lixo

verfpot
....
pote de tinta

schroeven
....
parafusos

muziekinstrumenten
instrumentos musicais

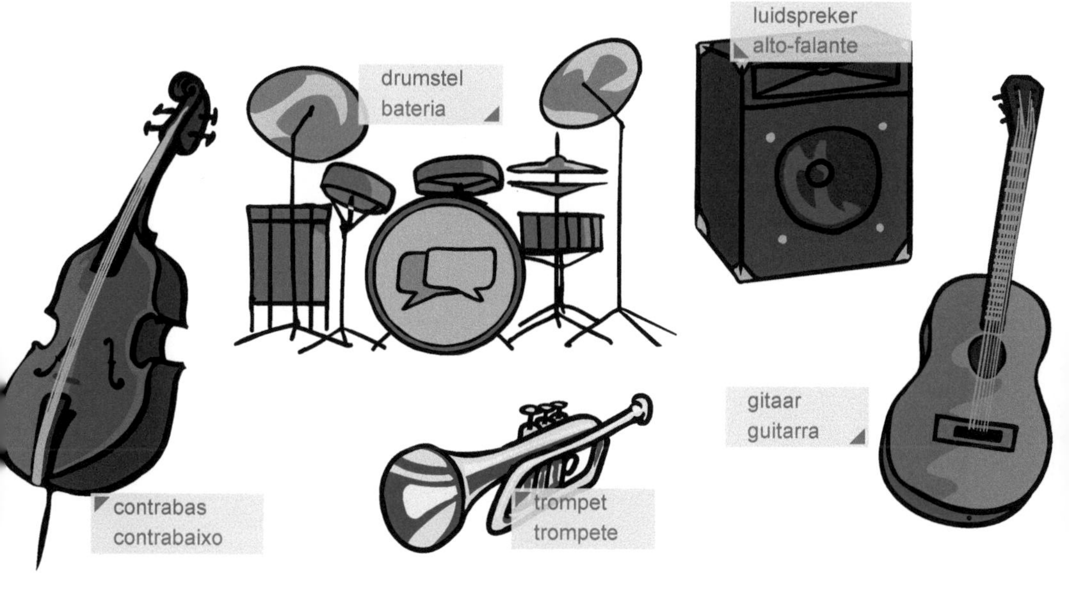

luidspreker
alto-falante

drumstel
bateria

gitaar
guitarra

contrabas
contrabaixo

trompet
trompete

piano
piano

viool
violino

bas
baixo

pauk
timbales

trommel
tambor

keyboard
teclado

saxofoon
saxofone

fluit
flauta

microfoon
microfone

dierentuin
zoológico

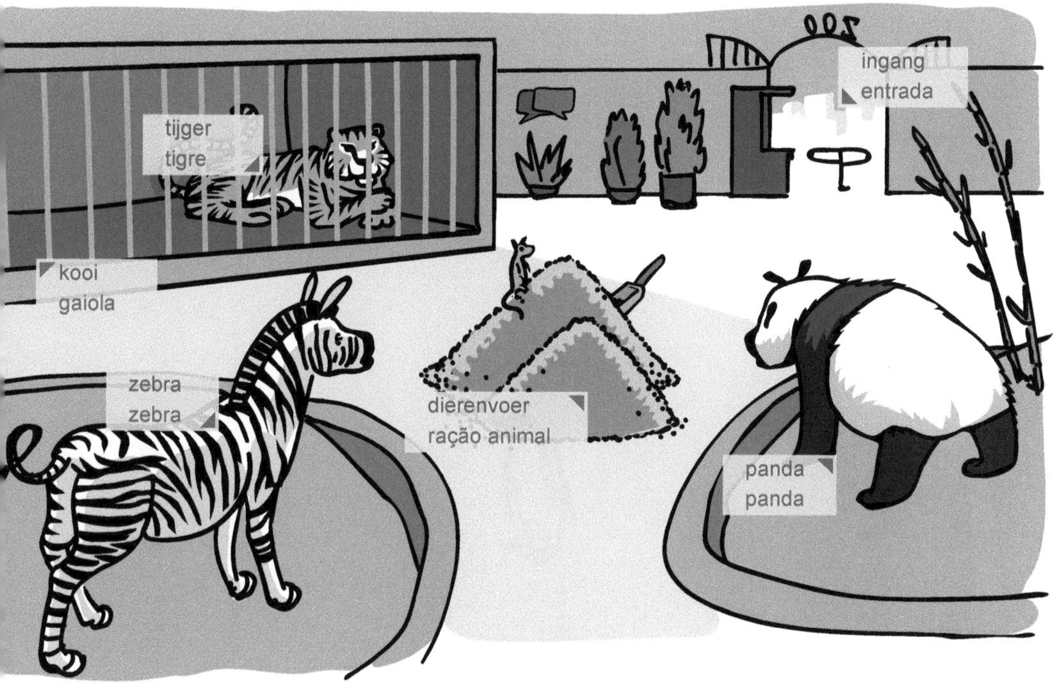

tijger
tigre
ingang
entrada
kooi
gaiola
zebra
zebra
dierenvoer
ração animal
panda
panda

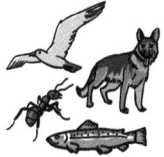

dieren

animais

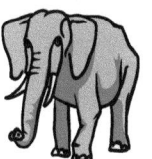

olifant

elefante

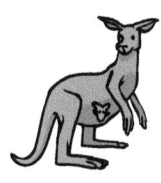

kangoeroe

canguru

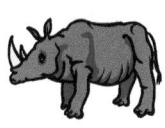

neushoorn

rinoceronte

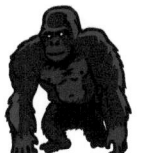

gorilla

gorila

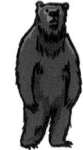

beer

urso

kameel

camelo

struisvogel

avestruz

leeuw

leão

aap

macaco

flamingo

flamingo

papegaai

papagaio

ijsbeer

urso polar

pinguïn

pinguim

haai

tubarão

pauw

pavão

slang

cobra

krokodil

crocodilo

dierenverzorger

guarda do zoológico

zeehond

foca

jaguar

jaguar

pony

pônei

luipaard

leopardo

nijlpaard

hipopótamo

giraffe

girafa

adelaar

águia

wild zwijn

javali

vis

peixe

schildpad

tartaruga

walrus

morsa

vos

raposa

gazelle

gazela

American football
futebol americano

wielrennen
ciclismo

tennis
tênis

basketbal
basquete

zwemmen
natação

boksen
boxe

ijshockey
hóquei no gelo

voetbal
futebol

badminton
badminton

atletiek
atletismo

handbal
handebol

skiën
esqui

polo
polo

activiteiten

atividades

lachen
rir
springen
pular
knuffelen
abraçar
lopen
andar
zingen
cantar
dromen
sonhar
bidden
rezar
kussen
beijar

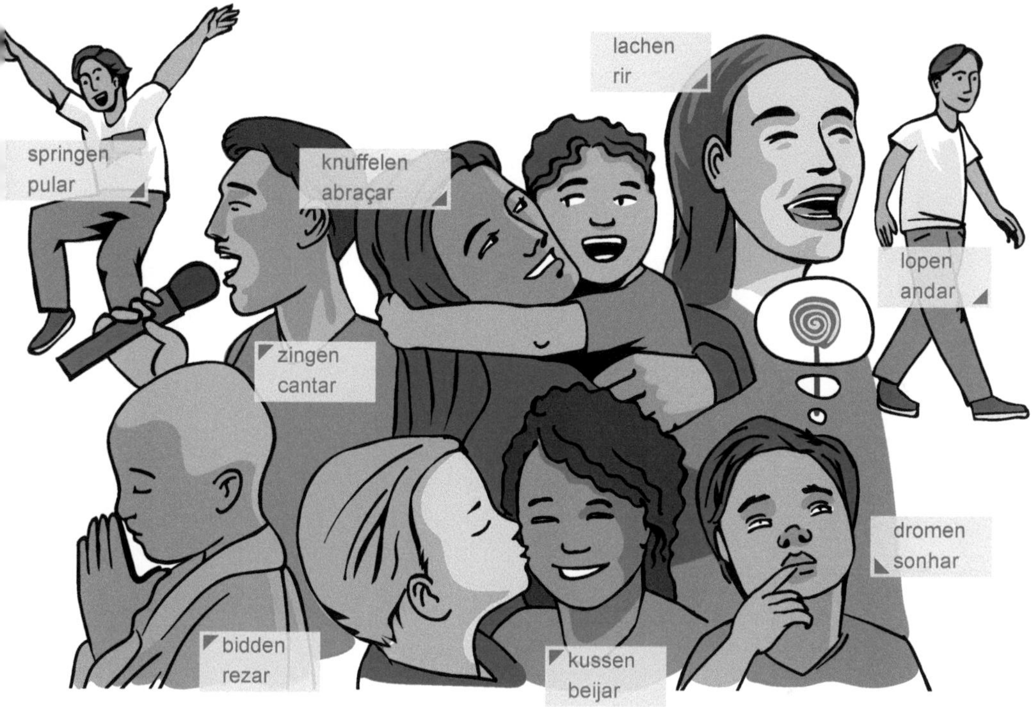

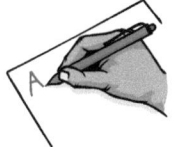

schrijven

escrever

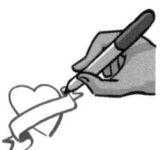

tekenen

desenhar

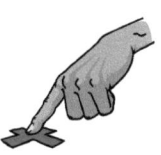

tonen

mostrar

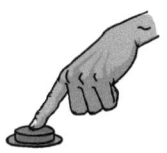

duwen

empurrar

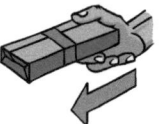

geven

dar

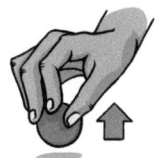

oppakken

tomar

hebben

ter

doen

fazer

zijn

ser

staan

ficar de pé

rennen

correr

trekken

puxar

gooien

jogar

vallen

cair

liggen

deitar

wachten

esperar

dragen

carregar

zitten

sentar

aankleden

vestir

slapen

dormir

wakker worden

despertar

bekijken

olhar para

huilen

chorar

strelen

acariciar

kammen

pentear

praten

falar

begrijpen

entender

vragen

perguntar

horen

ouvir

drinken

beber

eten

comer

opruimen

arrumar

houden van

amar

koken

cozinhar

rijden

dirigir

vliegen

voar

zeilen

velejar

rekenen

calcular

lezen

ler

leren

aprender

werken

trabalhar

trouwen

casar

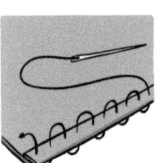

naaien

costurar

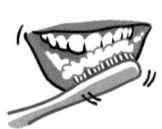

tandenpoetsen

escovar os dentes

doden

matar

roken

fumar

verzenden

enviar

grootmoeder
avó

grootvader
avô

vader
pai

moeder
mãe

baby
bebê

dochter
filha

zoon
filho

gast

convidado

tante

tia

oom

tio

broer

irmão

zus

irmã

lichaam
corpo

voorhoofd
testa
oog
olho
schouder
ombro
vinger
dedo
gezicht
rosto
kin
queixo
hand
mão
borst
peito
been
perna
arm
braço

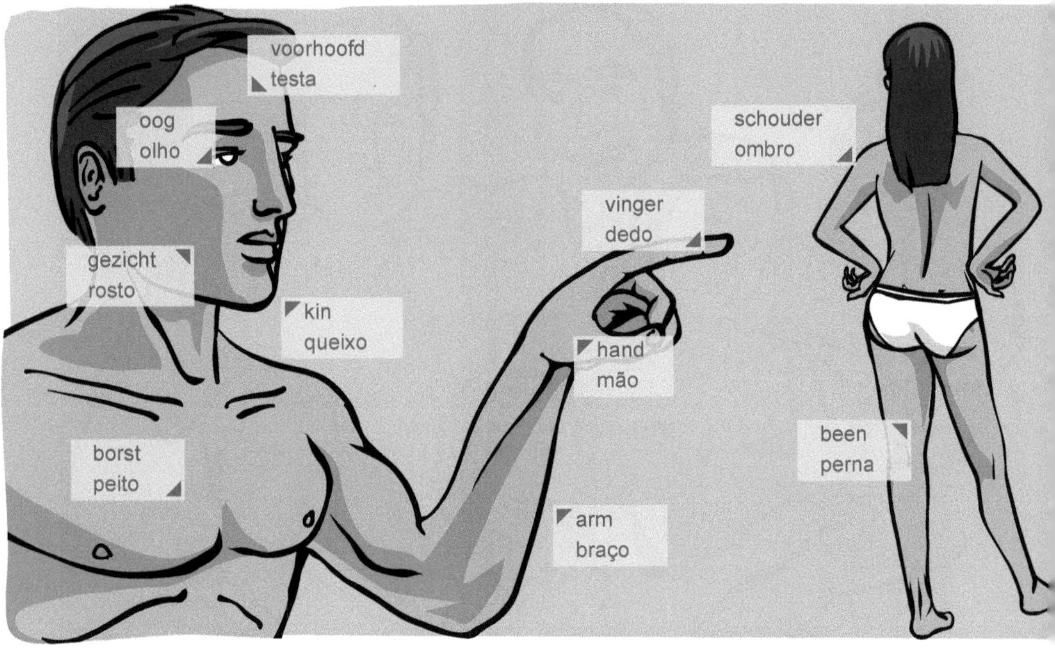

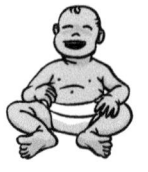

baby

bebê

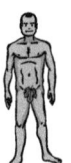

man

homem

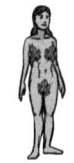

vrouw

mulher

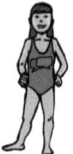

meisje

menina

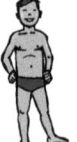

jongen

menino

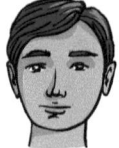

hoofd

cabeça

rug
costas

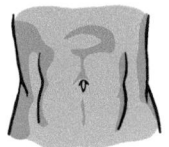

buik
barriga

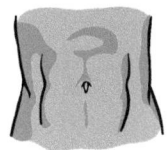

navel
umbigo

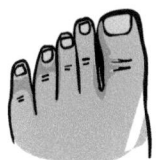

teen
dedo do pé

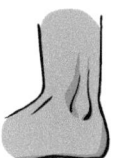

hiel
calcanhar

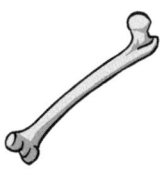

bot
osso

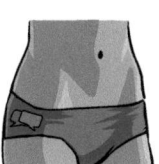

heup
anca

knie
joelho

elleboog
cotovelo

neus
nariz

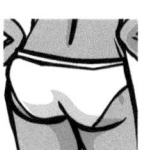

achterwerk
nádegas

huid
pele

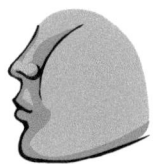

wang
bochecha

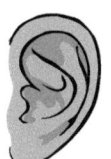

oor
orelha

lippen
lábio

mond
boca

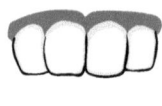

tand
dente

tong
língua

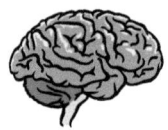

hersenen
cérebro

hart
coração

spier
músculo

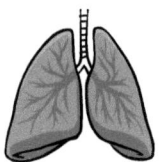

long
pulmão

lever
fígado

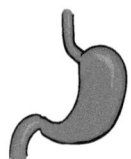

maag
estômago

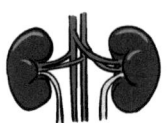

nieren
rins

geslachtsgemeenschap
relações sexuais

condoom
preservativo

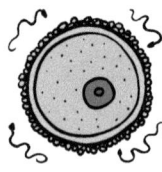

eicel
óvulo

sperma
esperma

zwangerschap
gravidez

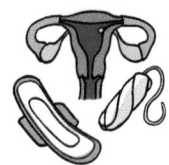

menstruatie

menstruação

vagina

vagina

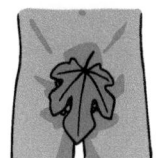

penis

pênis

wenkbrauw

sobrancelha

haar

cabelo

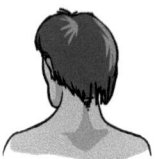

hals

pescoço

ziekenhuis
hospital

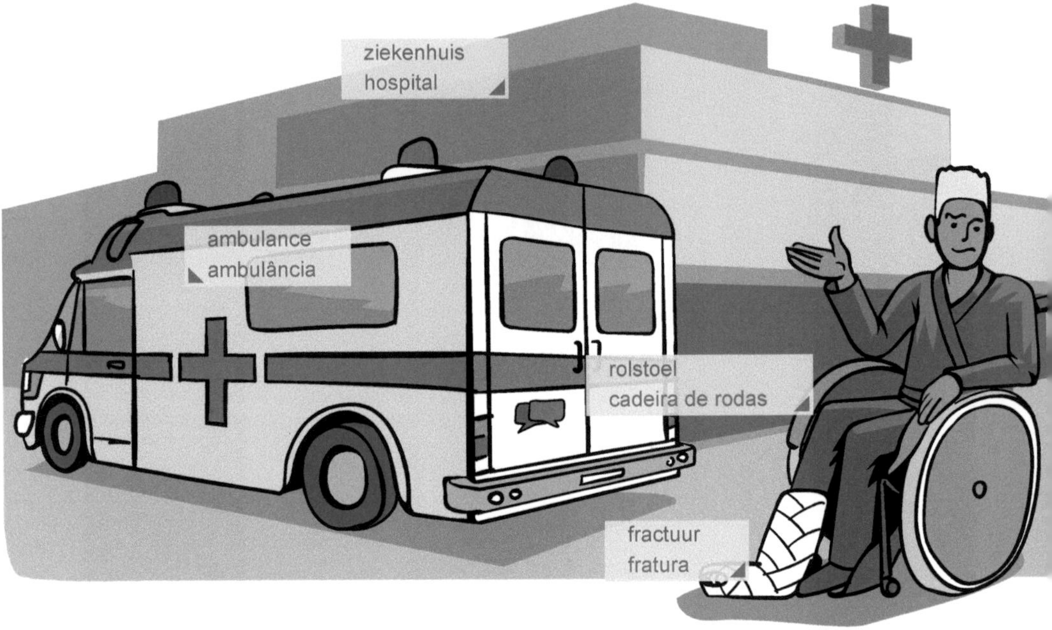

ziekenhuis
hospital
ambulance
ambulância
rolstoel
cadeira de rodas
fractuur
fratura

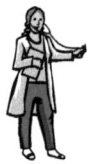

dokter

médico

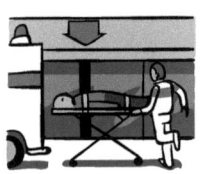

EHBO

pronto-socorro

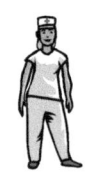

verpleegster

enfermeira

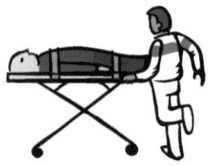

noodgeval

emergência

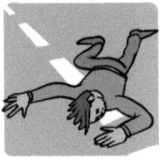

bewusteloos

inconsciente

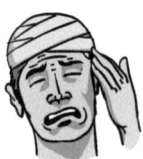

pijn

dor

verwonding

ferimento

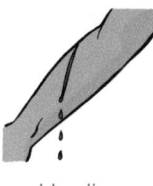

bloeding

hemorragia

hartaanval

ataque cardíaco

beroerte

acidente vacular cerebral

allergie

alergia

hoest

tosse

koorts

febre

griep

gripe

diarree

diarreia

hoofdpijn

dor de cabeça

kanker

câncer

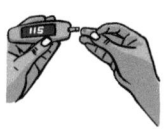

diabetes

diabetes

chirurg

cirurgião

scalpel

bisturi

operatie

operação

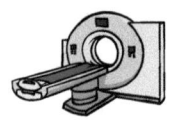

CT
CT

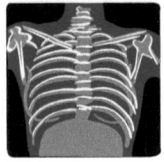

röntgen
raio x

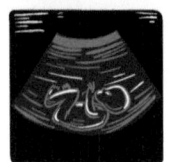

echografie
ultrassom

gezichtsmasker
máscara

ziekte
doença

wachtkamer
sala de espera

kruk
muleta

pleister
bandeide

verband
ligadura

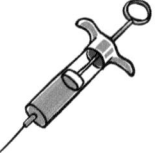

injectie
injeção

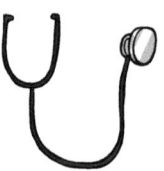

stethoscoop
estetoscópio

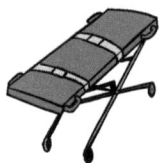

brancard
maca

thermometer
termômetro

geboorte
nascimento

overgewicht
excesso de peso

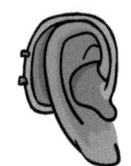

gehoorapparaat
aparelho auditivo

ontsmettingsmiddel
desinfetante

infectie
infecção

virus
vírus

HIV / AIDS
HIV / AIDS

medicijn
medicamento

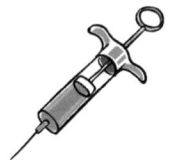

inenting
vacinação

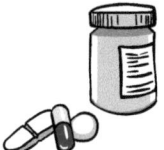

tabletten
comprimidos

pil
pílula

alarmnummer
chamada de emergência

bloeddrukmeter
dispositivo de medição de
pressão arterial

ziek / gezond
doente / saudável

Help!

Socorro!

alarm

alarme

overval

assalto

aanval

ataque

gevaar

perigo

nooduitgang

saída de emergência

Brand!

Fogo!

brandblusser

extintor de incêndios

ongeluk

acidente

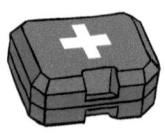

EHBO-koffer

maleta de primeiros socorros

SOS

SOS

politie

polícia

Europa
Europa

Noord-Amerika
América do Norte

Zuid-Amerika
América do Sul

Afrika
África

Azië
Ásia

Australië
Austrália

Atlantische Oceaan
Atlântico

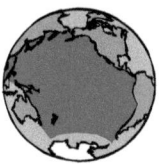
Stille Oceaan
Pacífico

Indische Oceaan
Oceano Índico

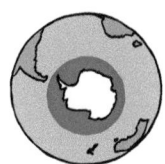
Zuidelijke Oceaan
Oceano Antártico

Noordelijke IJszee
Oceano Ártico

Noordpool
Polo Norte

77

Zuidpool

Polo Sul

Antarctica

Antártica

aarde

Terra

land

terra

zee

mar

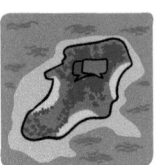

eiland

ilha

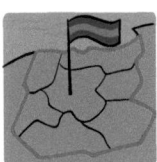

natie

nação

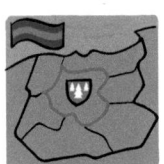

staat

estado

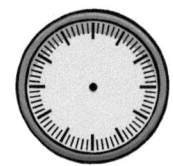

wijzerplaat

mostrador do relógio

uurwijzer

ponteiro das horas

minutenwijzer

ponteiro dos minutos

secondewijzer

ponteiro dos segundos

Hoe laat is het?

Que horas são?

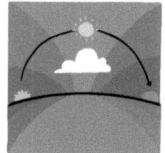

dag

dia

tijd

tempo

nu

agora

digitaal horloge

relógio digital

minuut

minuto

uur

hora

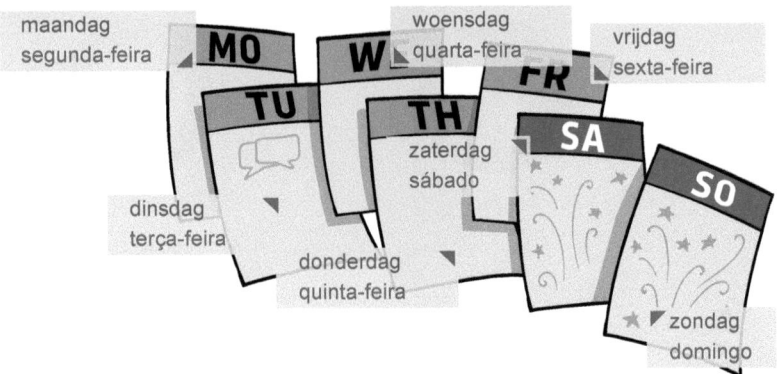

maandag
segunda-feira

woensdag
quarta-feira

vrijdag
sexta-feira

dinsdag
terça-feira

zaterdag
sábado

donderdag
quinta-feira

zondag
domingo

gisteren
ontem

vandaag
hoje

morgen
amanhã

ochtend
manhã

middag
meio-dia

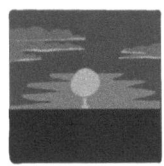

avond
entardecer

MO	TU	WE	TH	FR	SA	SU
1	2	3	4	5	6	7
8	9	10	11	12	13	14
15	16	17	18	19	20	21
22	23	24	25	26	27	28
29	30	31	1	2	3	4

werkdagen
dias úteis

MO	TU	WE	TH	FR	SA	SU
1	2	3	4	5	6	7
8	9	10	11	12	13	14
15	16	17	18	19	20	21
22	23	24	25	26	27	28
29	30	31	1	2	3	4

weekend
fim de semana

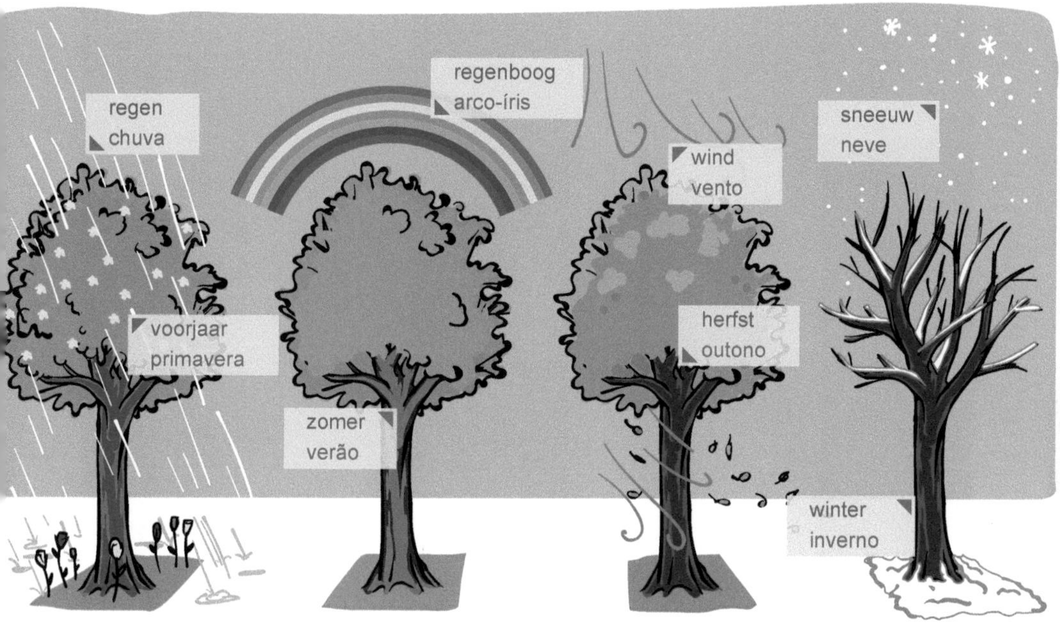

regen
chuva
regenboog
arco-íris
sneeuw
neve
wind
vento
voorjaar
primavera
herfst
outono
zomer
verão
winter
inverno

4.APRIL 11°
5.APRIL 4°
6.APRIL 13°
7.APRIL 8°
8.APRIL 10°

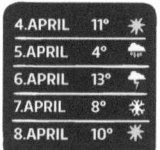

weerbericht

previsão do tempo

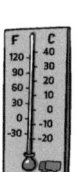

thermometer

termômetro

zonneschijn

raio de sol

wolk

nuvem

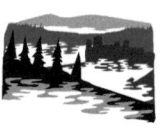

mist

neblina / nevoeiro

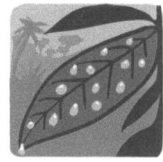

luchtvochtigheid

umidade do ar

bliksem

relâmpago

donder

trovão

storm

tempestade

hagel

granizo

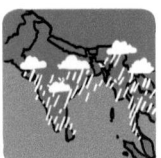

moesson

monção

overstroming

inundação

ijs

gelo

januari

janeiro

februari

fevereiro

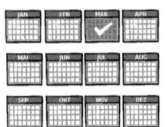

maart

março

april

abril

mei

maio

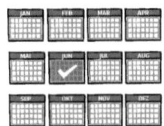

juni

junho

juli

julho

augustus

agosto

september
....
setembro

oktober
....
outubro

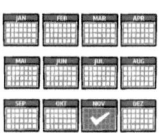

november
....
novembro

december
....
dezembro

cirkel
....
círculo

vierkant
....
quadrado

rechthoek
....
retângulo

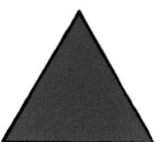

driehoek
....
triângulo

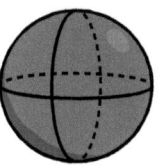

bol
....
esfera

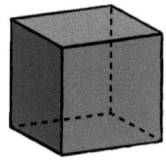

kubus
....
cubo

wit
....
branco

geel
....
amarelo

oranje
....
laranja

roze
....
rosa

rood
....
vermelho

paars
....
lilás

blauw
....
azul

groen
....
verde

bruin
....
marrom

grijs
....
cinza

zwart
....
preto

veel / weinig

muito / pouco

boos / rustig

furioso / tranquilo

mooi / lelijk

lindo / feio

begin / einde

começo / fim

groot / klein

grande / pequeno

licht / donker

claro / escuro

broer / zus

irmão / irmã

schoon / vies

limpo / sujo

volledig / onvolledig

completo / incompleto

dag/ nacht

dia / noite

dood / levend

morto / vivo

breed / smal

largo / estreito

eetbaar / oneetbaar

comestível / não comestível

gemeen / aardig

mau / gentil

opgewonden / verveeld

entusiasmado / entediado

dik / dun

gordo / magro

eerste / laatste

primeiro / último

vriend / vijand

amigo / inimigo

vol / leeg

cheio / vazio

hard / zacht

duro / macio

zwaar / licht

pesado / leve

honger / dorst

fome / sede

ziek / gezond

doente / saudável

illegaal / legaal

ilegal / legal

intelligent / dom

inteligente / idiota

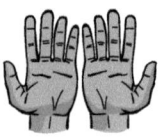

links / rechts

esquerda / direita

dichtbij / ver

perto / longe

tegenstellingen - opostos

nieuw / gebruikt

novo / usado

niets / iets

nada / alguma coisa

oud / jong

velho / jovem

aan / uit

ligado / desligado

open / gesloten

aberto / fechado

zacht / luid

baixo / alto

rijk / arm

rico / pobre

goed / fout

certo / errado

ruw / glad

áspero / liso

verdrietig / gelukkig

triste / feliz

kort / lang

curto / longo

langzaam / snel

lento / rápido

nat / droog

molhado / seco

warm / koel

ameno / fresco

oorlog / vrede

guerra / paz

0

nul

zero

1

één

um

2

twee

dois

3

drie

três

4

vier

quatro

5

vijf

cinco

6

zes

seis

7

zeven

sete

8

acht

oito

9

negen

nove

10

tien

dez

11

elf

onze

12
twaalf
doze

13
dertien
treze

14
veertien
quatorze

15
vijftien
quinze

16
zestien
dezesseis

17
zeventien
dezessete

18
achttien
dezoito

19
negentien
dezenove

20
twintig
vinte

100
honderd
cem

1.000
duizend
mil

1.000.000
miljoen
milhão

Engels

inglês

Amerikaans Engels

inglês americano

Chinees Mandarijn

chinês mandarim

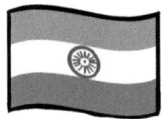

Hindi

hindi

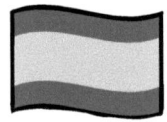

Spaans

espanhol

Frans

francês

Arabisch

árabe

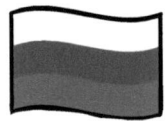

Russisch

russo

Portugees

português

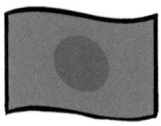

Bengalees

bengalês

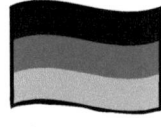

Duits

alemão

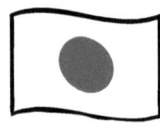

Japans

japonês

ik

eu

jij

você

hij / zij / het

ele / ela

wij

nós

jullie

vocês

zij

eles / elas

wie?

quem?

wat?

O quê?

hoe?

como?

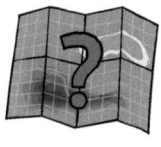

waar?

onde?

wanneer?

Quando?

naam

nome

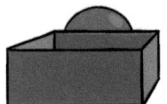

achter

atrás

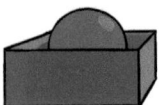

in

em

voor

na frente de

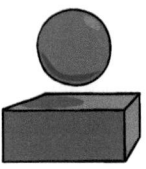

boven

sobre

op

em cima

onder

debaixo

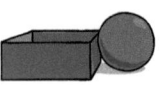

naast

do lado

tussen

entre

plaats

lugar